NO HAY TRABAJO, HAY

OPORTUNIDADES

CÓMO EMPRENDER DESPUÉS DE PERDER TU EMPLEO

A mi Esposa Mónica
A mi hija Samantha
A mi hijo Oscar

INDICE

Introducción

INTRODUCCIÓN

¡Bienvenido/a a "No hay trabajo, hay oportunidades!"! Este libro está diseñado para aquellos que han perdido su trabajo y desean emprender un negocio propio, experiencia que yo viví y deseo compartir. Se que la idea de iniciar un negocio puede ser desalentadora, especialmente cuando se está pasando por un momento difícil como perder un trabajo. Sin embargo, quiero ayudarte a cambiar tu mentalidad y a ver oportunidades en lugar de obstáculos. Este libro es una guía práctica y motivadora que te llevará paso a paso desde la idea inicial de tu negocio hasta su puesta en marcha, y más allá.

A través de diez capítulos, abordaremos los temas más importantes que debes considerar al emprender, como la identificación de tus habilidades y recursos, la planificación estratégica, la investigación de mercado, la financiación, el marketing y las ventas, la construcción de equipos, el manejo de la incertidumbre, la evaluación del desempeño de tu negocio, y cómo mantener el impulso y seguir creciendo a largo plazo.

Cada capítulo incluye mis consejos prácticos para ayudarte a aplicar lo que has aprendido a tu propia situación.

Mi objetivo con este libro es inspirarte y darte las herramientas necesarias para convertir una situación difícil en una oportunidad para crecer y desarrollar un negocio exitoso. Así que, si estás listo/a para tomar el control de tu futuro y comenzar una emocionante nueva aventura empresarial, ¡vamos a empezar!

CAPÍTULO 1

"De la frustración al entusiasmo: Cómo cambiar de mentalidad y ver oportunidades"

El despido puede ser una experiencia desalentadora que puede hacernos sentir atrapados y sin esperanza. Después de todo, nuestra identidad y autoestima pueden estar ligadas a nuestro trabajo y puede ser difícil aceptar la idea de no tener un empleo estable. Sin embargo, la falta de un trabajo también puede ser una oportunidad para explorar nuevas opciones, reinventarnos y enfocarnos en nuestros intereses y habilidades.

Para cambiar nuestra mentalidad de frustración a entusiasmo, es importante que primero aceptemos la situación y que nos demos el tiempo necesario para procesar nuestras emociones. Es normal sentirse triste, enojado o preocupado después de perder un trabajo. Pero también es importante que no nos quedemos estancados en esos sentimientos negativos. En su lugar, podemos intentar cambiar nuestra perspectiva y ver la situación como una oportunidad para seguir adelante y crecer.

Para hacerlo, podemos enfocarnos en nuestras fortalezas y habilidades. A menudo, nuestras fortalezas y habilidades son transferibles y pueden ser útiles en distintas áreas de trabajo. Es posible que incluso descubramos que tenemos habilidades o intereses que no hemos explorado antes, y que ahora podemos convertir en una oportunidad de negocio.

También podemos buscar inspiración en personas que han pasado por situaciones similares. Hay muchos ejemplos de empresarios exitosos que comenzaron sus negocios después de ser despedidos o de enfrentar otra adversidad. Podemos buscar esas historias de éxito y aprender de ellas.

Por último, podemos buscar apoyo en nuestra red de contactos, familiares y amigos. A menudo, quienes nos rodean pueden brindarnos consejos, ideas o simplemente un oído atento para escuchar nuestras ideas. Al hablar con personas que nos conocen bien, es posible que descubramos nuevas formas de enfocar nuestros intereses y habilidades.

El consejo del Beto

Yo mismo he vivido la frustración de ser despedido y no una vez, ¡muchas más! y he de confesar que las últimas ocasiones me ayudaron muchísimo porque las liquidaciones las utilice para capitalizar mi proyecto de TiTi-Apps (titi-apps.com). ¡Nadie se hará cargo por ti! Solo tú serás responsable de levantarte, aprender y seguir adelante. Nada cae del cielo por si solo.

Si ya vienes trayendo una idea o haz ido empezando con algo, este es el momento de "echar toda la carne al asador" y conviértelo en negocio.

Si aún no tienes una idea, entonces tomate un tiempo, lo mejor es que hagas aquellas vacaciones que por cumplir con el trabajo no haz podido tomar. Cuando estas relajado tu mente se abre y fluyen las ideas.

CAPÍTULO 2

"Identificando tus habilidades y recursos:
Descubriendo tus fortalezas personales"

Antes de comenzar cualquier emprendimiento, es importante que reflexionemos sobre nuestras habilidades y recursos personales. Al conocer nuestras fortalezas, podemos identificar los trabajos y oportunidades de negocio que se alinean con nuestras habilidades y nos permiten trabajar en lo que somos buenos. También podemos identificar nuestras debilidades y trabajar en ellas o encontrar socios o colaboradores que complementen nuestras habilidades.

Hay varias maneras de identificar nuestras habilidades y recursos personales. Una forma es hacer una lista de todas nuestras habilidades, tanto las específicas de trabajo como las generales. Podemos pensar en habilidades técnicas (como programación, diseño gráfico, habilidades culinarias), habilidades interpersonales (como comunicación, liderazgo, trabajo en equipo) y habilidades personales (como resolución de problemas, creatividad, adaptabilidad). También podemos pensar en nuestros intereses personales y pasatiempos, ya que a menudo están relacionados con nuestras habilidades y fortalezas.

Otra forma de identificar nuestras habilidades es pedir retroalimentación a nuestros amigos, familiares o antiguos colegas de trabajo. Ellos pueden tener una perspectiva externa sobre nuestras habilidades y fortalezas que nos puede ayudar a identificar habilidades que no habíamos considerado.

Además de nuestras habilidades, también es importante identificar nuestros recursos. Estos pueden incluir nuestros ahorros, contactos en la industria, herramientas o equipo, o incluso nuestro tiempo libre. Identificar nuestros recursos nos ayuda a comprender qué es posible para nosotros en términos de financiamiento, apoyo y disponibilidad de tiempo.

Una vez que hemos identificado nuestras habilidades y recursos, podemos comenzar a pensar en cómo podemos usarlos para construir nuestro negocio. Podemos investigar oportunidades de mercado que se alineen con nuestras habilidades y recursos, y podemos comenzar a planificar nuestro enfoque comercial y de marketing.

El consejo del Beto

Antes de plantear una idea o dedicación, escribe en una hoja 3 preguntas:

- ¿Qué me gusta hacer?
- ¿Qué me apasiona?
- ¿Para que soy bueno?

Ahora escribe tus respuestas, te garantizo que de ahi saldrá tu idea de emprendimiento.

Desde ahora te digo NO TE DESANIMES, muchos te dirán, eso no sirve, nadie te va a comprar, estas loco, por lo general estos comentarios vienen de personas que nunca han iniciado un negocio y te transmiten sus miedos. Si me preguntaras a mi, te diría "Yo se que puedes" "Preparate, el camino no es fácil pero Si es posible" "Crea una primera versión de tu producto o idea y encuentra a tus primeros clientes".

CAPÍTULO 3

"Planificación estratégica: Cómo construir una hoja de ruta para tu negocio"

Una vez que hemos identificado nuestras habilidades y recursos personales, es importante comenzar a planificar estratégicamente nuestro negocio. Esto significa establecer objetivos claros y realistas, identificar las estrategias necesarias para alcanzar esos objetivos y desarrollar un plan de acción detallado para llevar a cabo esas estrategias.

Para comenzar la planificación estratégica de nuestro negocio, es importante establecer objetivos claros y realistas. Los objetivos deben ser específicos, medibles, alcanzables, relevantes y limitados en el tiempo. Esto nos ayudará a tener una comprensión clara de lo que queremos lograr y nos permitirá medir nuestro progreso a medida que avanzamos.

Una vez que tenemos nuestros objetivos claros, es hora de identificar las estrategias necesarias para alcanzarlos. Estas estrategias pueden incluir la identificación de nuestros clientes potenciales, la elaboración de planes de marketing, la construcción de una red de contactos y la adquisición de recursos adicionales, como financiamiento o equipo. Es importante ser realista acerca de las estrategias que podemos implementar y asegurarnos de que se alineen con nuestros objetivos y recursos disponibles.

Después de identificar las estrategias, es importante desarrollar un plan de acción detallado para llevar a cabo esas estrategias. Esto puede incluir un cronograma detallado, asignación de responsabilidades, presupuestos y planes de contingencia para posibles obstáculos. Un plan de acción sólido es clave para mantenernos en el camino hacia nuestros objetivos y asegurar que estamos haciendo progresos tangibles en nuestro negocio.

Es importante tener en cuenta que la planificación estratégica no es un proceso único, sino un proceso continuo que debe revisarse y actualizarse regularmente a medida que nuestro negocio crece y cambia. Al mantenernos flexibles y adaptativos en nuestra planificación, podemos asegurarnos de que estamos aprovechando al máximo nuestras habilidades y recursos, y abriendo nuevas oportunidades para nuestro negocio.

La planificación estratégica es un componente clave para la construcción de un negocio exitoso después de perder nuestro trabajo. Al establecer objetivos claros, identificar estrategias y desarrollar un plan de acción detallado, podemos asegurarnos de que estamos avanzando hacia nuestros objetivos de manera efectiva y eficiente. Al mantenernos flexibles y adaptativos en nuestra planificación, podemos aprovechar al máximo nuestras habilidades y recursos y descubrir nuevas oportunidades para nuestro negocio.

3.1 ESTABLECE LA ESTRUCTURA LEGAL DE TU NEGOCIO.

Ahora es momento de formalizar tu negocio y quizás uno de los pasos más burocráticos pero necesario.

Recuerda que hoy en día el Gobierno (al menos en México) anda por los evasores fiscales, lavado de dinero y cuestionando "Hey! ¿De donde vienen esos *pesitos* que depositaron a tu cuenta?

Es importante qué establezcas tu giro comercial:

- Identificando la estructura legal adecuada para tu negocio: Desde una empresa unipersonal hasta una sociedad limitada
- Investigando los requisitos de registro y legalización: Cómo y dónde registrar tu empresa
- Obteniendo los permisos necesarios: Cómo obtener permisos y licencias para operar legalmente tu negocio
- Registrando tus impuestos: Cómo registrar tu negocio para el pago de impuestos y cumplir con tus obligaciones fiscales
- Manteniendo la documentación al día: Cómo mantener los registros y documentos necesarios para el correcto funcionamiento de tu empresa.

El consejo del Beto.

Te recomiendo que te apoyes con un Contador de confianza para que te de una guía de como llevar esto acabo con los menores dolores de cabeza.

Existe una modalidad en que puedes registrar tu empresa como S.A.S. (Sociedad de Acciones Simplificada) y tener un solo accionista o socio. También puedes cambiar tu registro ante el SAT para que seas Persona Física con Actividad Empresarial y puedas facturar con tu Nombre.

PERO POR SOBRE TODAS LAS COSAS mantén actualizada tu e.Firma (firma electrónica) y tu INE vigente. Estas serán tus 2 principales herramientas de ahora en siempre.

CAPÍTULO 4

"Investigación de mercado: Cómo identificar oportunidades y evaluar la competencia"

Teniendo ya desarrollada una planificación estratégica sólida para nuestro negocio, es importante investigar el mercado en el que operaremos para poder identificar oportunidades y evaluar la competencia. La investigación de mercado nos permite obtener información clave sobre los clientes potenciales, los productos y servicios existentes en el mercado y los competidores directos e indirectos.

El primer paso en la investigación de mercado es definir el segmento de mercado al que queremos llegar. Esto puede incluir la definición de características demográficas, psicográficas y de comportamiento de nuestro público objetivo. Es importante ser específicos en esta definición para poder enfocar nuestros esfuerzos de investigación de manera efectiva.

Una vez que hemos definido nuestro público objetivo, es hora de investigar a nuestros competidores directos e indirectos. La investigación de la competencia nos permite comprender qué están haciendo bien y dónde podríamos tener una ventaja competitiva. Esto puede incluir la evaluación de sus productos y servicios, sus estrategias de marketing, su modelo de negocio y su presencia en línea.

Además de la investigación de la competencia, es importante realizar una investigación de mercado para evaluar la demanda existente en el mercado y las oportunidades potenciales. Esto puede incluir la evaluación de las tendencias del mercado, la identificación de necesidades insatisfechas de los clientes y la evaluación de las oportunidades de crecimiento a largo plazo. La investigación de mercado nos permite tomar decisiones informadas y estratégicas en cuanto a nuestra propuesta de valor y la estrategia de marketing.

Es importante tener en cuenta que la investigación de mercado no es un proceso único, sino un proceso continuo que debe revisarse y actualizarse regularmente. Al mantenernos actualizados en la investigación de mercado, podemos asegurarnos de que estamos aprovechando al máximo las oportunidades que surgen y respondiendo de manera efectiva a los cambios en el mercado.

La investigación de mercado es un componente clave para la construcción de un negocio exitoso después de perder nuestro trabajo. Al identificar a nuestro público objetivo, evaluar la competencia y realizar una investigación de mercado completa, podemos tomar decisiones informadas y estratégicas sobre nuestra propuesta de valor y la estrategia de marketing. Al mantenernos actualizados en la investigación de mercado, podemos asegurarnos de que estamos aprovechando al máximo las oportunidades que surgen y respondiendo de manera efectiva a los cambios en el mercado.

El consejo del Beto.

Toma este capítulo también como un punto de evaluación. ¿Tu producto o servicio es vendible? ¿Qué problema estoy resolviendo? ¿En que estoy ayudando? resolver estas preguntas es fundamental antes de gastar tiempo, dinero y esfuerzo.

LinkedIn te permite crear encuestas rápidas y te pueden ayudar a conocer la opinión por lo menos de tus amigos y seguidores.

CAPÍTULO 5

"Financiación y presupuesto: Cómo conseguir dinero para tu negocio"

Cuando tenemos identificada una oportunidad de negocio y hemos realizado una investigación de mercado completa, el siguiente paso es asegurarnos de que tenemos los recursos financieros necesarios para poner en marcha nuestro negocio. La financiación es un componente clave del éxito empresarial y puede ser un desafío para aquellos que están empezando sin un trabajo estable. En este capítulo, exploraremos las diferentes opciones de financiamiento disponibles y cómo hacer un presupuesto para nuestro negocio.

Una de las opciones más comunes de financiamiento es el préstamo comercial. Los préstamos comerciales pueden ser obtenidos a través de bancos, cooperativas de crédito o prestamistas privados. Al solicitar un préstamo, es importante tener un plan de negocios completo y detallado que describa cómo se utilizarán los fondos y cuáles son las proyecciones financieras a largo plazo. Es importante comparar las diferentes opciones de préstamos para encontrar el que tenga las mejores condiciones de interés y plazos de pago.

Otra opción de financiamiento es la inversión de capital. Los inversores pueden proporcionar capital para nuestro negocio a cambio de una participación en la empresa. Es importante tener en cuenta que los inversores pueden tener una opinión significativa en la toma de decisiones empresariales, por lo que es importante elegir a los inversores adecuados que compartan nuestra visión y valores. Además, es importante establecer claramente los términos de la inversión y los plazos de pago.

Además de los préstamos comerciales y la inversión de capital, existen otras opciones de financiamiento, como subvenciones y préstamos gubernamentales. Estos pueden ser más limitados en términos de elegibilidad, pero pueden proporcionar fondos significativos para nuestro negocio sin la necesidad de pagar intereses o compartir la propiedad de la empresa.

Una vez que hemos asegurado la financiación para nuestro negocio, es importante hacer un presupuesto detallado para que podamos administrar nuestros fondos de manera efectiva. El presupuesto debe incluir una lista de los gastos necesarios para poner en marcha nuestro negocio, como los costos de producción, los costos de marketing y los costos generales. Es importante ser realistas al hacer un presupuesto y planificar para los gastos inesperados.

El consejo del Beto

La financiación es un componente clave del éxito empresarial y puede ser un desafío para aquellos que están empezando sin un trabajo estable. Las opciones de financiamiento incluyen préstamos comerciales, inversión de capital, subvenciones y préstamos gubernamentales. Es importante tener un plan de negocios completo y detallado y comparar las diferentes opciones de financiamiento para encontrar la mejor opción. Una vez que hemos asegurado la financiación para nuestro negocio, es importante hacer un presupuesto detallado para administrar nuestros fondos de manera efectiva y planificar para los gastos inesperados.

CAPÍTULO 6

"Marketing y ventas: Cómo atraer y retener clientes"

A estas alturas quizás ya tienes establecido nuestro negocio, es importante que sepamos cómo atraer y retener clientes para asegurar nuestro éxito a largo plazo. En este capítulo, discutiremos las estrategias de marketing y ventas que podemos utilizar para hacer crecer nuestro negocio.

El primer paso en la estrategia de marketing es definir nuestro público objetivo. Debemos saber quiénes son nuestros clientes ideales y cómo podemos llegar a ellos. Podemos hacer esto realizando investigaciones de mercado, encuestas, y obteniendo retroalimentación de nuestros clientes. Una vez que sepamos quiénes son nuestros clientes, podemos desarrollar un mensaje de marketing claro y atractivo para ellos.

Una herramienta de marketing importante es nuestro sitio web. Nuestro sitio web debe ser fácil de navegar y estar optimizado para los motores de búsqueda para que los clientes puedan encontrar nuestro negocio. También debemos asegurarnos de que nuestro sitio web tenga un diseño atractivo y contenido relevante que atraiga a los clientes a hacer negocios con nosotros.

Otra estrategia de marketing es la publicidad. Podemos utilizar una variedad de canales de publicidad, como anuncios en redes sociales, publicidad en motores de búsqueda, y publicidad en medios tradicionales como periódicos y televisión. Es importante elegir los canales que son más efectivos para nuestro negocio y tener un presupuesto adecuado para publicidad.

Además de la publicidad, también podemos utilizar el marketing de contenidos para atraer y retener a nuestros clientes. Esto implica crear contenido valioso que sea relevante para nuestro público objetivo, como blogs, videos, infografías, y otros recursos que puedan ayudar a los clientes a resolver sus problemas o satisfacer sus necesidades. Al proporcionar contenido valioso, podemos establecer nuestra marca como un recurso confiable y valioso para nuestros clientes.

Por último, es importante establecer un proceso de ventas efectivo para convertir a los clientes potenciales en clientes de pago. Esto puede implicar la creación de materiales de ventas, el establecimiento de un proceso de seguimiento y un enfoque en la atención al cliente. También debemos asegurarnos de que nuestros precios son competitivos y que ofrecemos una experiencia de compra satisfactoria.

Recuerda, para atraer y retener clientes, debemos utilizar una combinación de estrategias de marketing y ventas efectivas. Debemos definir nuestro público objetivo, tener un sitio web atractivo y optimizado para motores de búsqueda, utilizar publicidad y marketing de contenidos, y establecer un proceso de ventas efectivo. Al hacer esto, podemos atraer y retener a los clientes y asegurar el éxito a largo plazo de nuestro negocio.

El consejo del Beto

Un punto muy IMPORTANTE y que estaba por olvidar mencionar... ¡REGISTRA TU MARCA!

Es super importante que registres tus marcas ante el IMPI, de esta manera aseguras que nadie puede utilizarlas y ni comercializarlas. Te recomiendo que registres la marca de tu empresa o negocio, así como las marcas de los productos que vas liberando. Me han tocado casos de clientes que mandan imprimir camisetas, tarjetas de presentación, termos con su nombre de marca y días después reciben una notificación para dejar de usar la marca porque alguien más la tiene registrada. Esto se da o porque en tu investigación de mercado no te diste cuenta si alguien más lo tiene o porque alguien malicioso se aprovecho y registro tu marca para después sacar provecho de ti.

Evita dolores de cabeza y regístrate. Si no sabes como, recuerda que estoy para ayudarte, contáctame.

CAPÍTULO 7

"Construyendo tu equipo: Cómo encontrar y contratar a las personas adecuadas"

Uno de los desafíos más grandes al emprender un negocio es encontrar y contratar a las personas adecuadas para tu equipo. En este capítulo, discutiremos cómo puedes construir un equipo de trabajo fuerte y comprometido para ayudarte a hacer crecer tu negocio.

Lo primero que debes hacer es definir las necesidades de tu equipo. Debes considerar las habilidades y experiencia necesarias para llevar a cabo las tareas críticas de tu negocio y luego buscar candidatos que cumplan con estos requisitos. A medida que el negocio crezca, debes ser proactivo en la planificación de la expansión del equipo y anticipar las necesidades futuras.

Hay varias formas en las que puedes encontrar candidatos adecuados para unirse a tu equipo. Puedes publicar ofertas de empleo en sitios web de búsqueda de empleo, usar tus redes sociales para promocionar la oferta de trabajo o utilizar servicios de reclutamiento y selección de personal. Además, puedes aprovechar a tu red de contactos, buscar recomendaciones y hacer preguntas sobre cualquier persona que pueda ser adecuada para tu equipo.

Una vez que hayas identificado a los candidatos adecuados, es importante tener un proceso efectivo de entrevista y selección. Esto puede incluir preguntas de entrevista específicas para evaluar su idoneidad, así como la revisión de sus referencias y antecedentes laborales. Además, es importante asegurarse de que los nuevos miembros del equipo tengan una comprensión clara de las expectativas, el alcance de sus responsabilidades y su papel en el éxito del negocio.

Más allá de la contratación, es importante fomentar un ambiente de trabajo positivo y de colaboración. Un ambiente de trabajo positivo ayuda a mantener la motivación y el compromiso de los miembros del equipo, lo que se traduce en un mejor rendimiento en el trabajo. Además, debes crear un plan de capacitación y desarrollo para el crecimiento y el aprendizaje de los miembros del equipo, lo que los ayudará a mantenerse motivados y comprometidos.

Por último, es importante reconocer el trabajo bien hecho y brindar retroalimentación y reconocimiento de manera regular. El reconocimiento y la retroalimentación son herramientas poderosas para motivar a los miembros del equipo y para mejorar el ambiente laboral en general.

El consejo del Beto.

Para construir un equipo fuerte y comprometido, debes definir las necesidades de tu equipo, buscar candidatos adecuados, tener un proceso efectivo de entrevista y selección, fomentar un ambiente de trabajo positivo, crear un plan de capacitación y desarrollo y brindar retroalimentación y reconocimiento. Al hacer esto, podrás construir un equipo que te ayudará a hacer crecer tu negocio y a tener éxito a largo plazo.

Ya lo dijo Rodrigo (miembro de Shark Tank México) "Es más fácil hacer Amigo a tu Socio, qué hacer Socio a tu Amigo"

CAPÍTULO 8

"Manejo de la incertidumbre: Cómo superar los desafíos y adaptarse a los cambios"

El proceso de emprender un negocio puede ser emocionante, pero también puede ser lleno de incertidumbre e inesperados desafíos. Es importante estar preparado para enfrentar estos desafíos y adaptarse a los cambios. En este capítulo, discutiremos cómo manejar la incertidumbre y superar los desafíos que enfrentarás al emprender tu negocio.

El primer paso para manejar la incertidumbre es tener una mentalidad abierta y ser flexible. Debes estar preparado para cambiar tu enfoque y adaptarte a las nuevas circunstancias, y ser capaz de identificar oportunidades incluso en situaciones difíciles. Además, debes estar preparado para tomar decisiones rápidas y efectivas y para asumir riesgos calculados.

Otra manera de manejar la incertidumbre es tener un plan de contingencia. Un plan de contingencia te permite anticipar y prepararte para situaciones de emergencia o cambios imprevistos en tu negocio. Esto puede incluir tener un presupuesto de emergencia, un plan de acción en caso de pérdida de ingresos o un plan de respuesta a situaciones de crisis.

Además, es importante contar con un buen soporte emocional para poder enfrentar los desafíos del proceso emprendedor. Busca una comunidad de emprendedores con quienes puedas compartir tus desafíos, preguntas y reflexiones. Al unirte a grupos de discusión o asistir a eventos relacionados con el emprendimiento, podrás conectarte con personas que pueden apoyarte y ayudarte a encontrar soluciones a tus problemas.

Otro aspecto importante del manejo de la incertidumbre es estar preparado para hacer cambios y ajustes a medida que tu negocio crece y evoluciona. Esto puede incluir hacer ajustes a tu plan de negocios, cambiar de dirección o incluso pivotear hacia una idea de negocio completamente nueva. Estar abiertos a hacer cambios es fundamental para tener éxito en el proceso emprendedor.

Finalmente, es importante recordar que el manejo de la incertidumbre es un proceso continuo. Como emprendedor, siempre estarás enfrentando nuevos desafíos y situaciones cambiantes. A medida que te enfrentas a estas situaciones, debes estar abiertos a aprender, adaptarte y seguir adelante.

Para manejar la incertidumbre y superar los desafíos del proceso emprendedor, debes tener una mentalidad abierta y ser flexible, tener un plan de contingencia, contar con un buen soporte emocional, estar preparados para hacer cambios y ajustes, y estar siempre abiertos a aprender y a adaptarte. Al manejar la incertidumbre de manera efectiva, podrás enfrentar los desafíos del proceso emprendedor con confianza y éxito.

El consejo del Beto.

Emprender no es solo tener una idea y ser tu propio jefe. Implican actividades operativas y legales. En mi caso tuve que aprender sobre contabilidad para entender cuando reviso mensualmente las declaraciones con mi contador, leyes para entender los contratos y licitaciones, finanzas para generar nuestro propio estado de resultados, y mi lista no termina.

Debes ser capaz de llevar un autoaprendizaje, ser rápido y ejecutar pronto, de otra manera tu contra parte podría aprovecharse de tu ignorancia.

CAPÍTULO 9

"Midiendo el éxito: Cómo evaluar el desempeño de tu negocio y ajustar tu estrategia"

Para tener éxito en el proceso de emprender debes medir el desempeño de tu negocio y ajustar tu estrategia en consecuencia. En este capítulo, discutiremos cómo medir el éxito de tu negocio y cómo hacer los ajustes necesarios para garantizar su crecimiento y prosperidad.

El primer paso para medir el éxito de tu negocio es definir tus objetivos. Debes establecer objetivos claros y medibles para tu negocio, que te permitan evaluar su desempeño en relación a los resultados esperados. Por ejemplo, si tu objetivo es aumentar las ventas, debes establecer un objetivo específico y medible para ese aspecto del negocio.

Una vez que hayas establecido tus objetivos, es importante elegir las métricas adecuadas para medir el desempeño de tu negocio. Las métricas pueden variar dependiendo de tu tipo de negocio, pero algunas métricas comunes incluyen las ventas, los ingresos, la rentabilidad, el número de clientes, el tráfico de tu sitio web y la satisfacción del cliente.

Es importante medir estas métricas regularmente para evaluar el desempeño de tu negocio. Esto puede incluir hacer un seguimiento semanal, mensual o trimestral de las métricas, según lo que sea relevante para tu negocio. Además, es importante hacer un análisis comparativo de las métricas, para poder ver cómo han cambiado a lo largo del tiempo.

Una vez que hayas medido el desempeño de tu negocio, es importante hacer los ajustes necesarios para asegurar su éxito continuo. Esto puede incluir hacer cambios en tu estrategia de marketing, ajustar tus precios, expandir tus productos o servicios, o incluso cambiar el enfoque de tu negocio. Es importante tener en cuenta que los ajustes deben ser basados en datos y análisis, y no en suposiciones o intuiciones.

Por último, es importante celebrar los éxitos de tu negocio. Cada vez que alcances un objetivo, es importante reconocer tu éxito y recompensarte a ti mismo y a tu equipo. Esto puede ayudarte a mantenerte motivado y comprometido con tu negocio a largo plazo.

El consejo del Beto.

No olvides qué para medir el éxito de tu negocio y ajustar tu estrategia, debes establecer objetivos claros, elegir las métricas adecuadas, medir regularmente el desempeño de tu negocio, hacer ajustes basados en datos y análisis, y celebrar los éxitos de tu negocio. Al medir y ajustar el desempeño de tu negocio de manera efectiva, podrás garantizar su crecimiento y prosperidad a largo plazo.

CAPÍTULO 10

"Mirando hacia el futuro: Cómo mantener el impulso y seguir creciendo a largo plazo"

El emprendimiento no es una tarea fácil, y a menudo requiere mucho tiempo, esfuerzo y recursos. Sin embargo, si has llegado hasta aquí, significa que has superado los desafíos iniciales y has construido un negocio exitoso. Pero, ¿cómo puedes mantener el impulso y seguir creciendo a largo plazo?

En este capítulo, exploraremos algunas estrategias para mantener el impulso de tu negocio y asegurar su crecimiento a largo plazo.

En primer lugar, es importante seguir aprendiendo y mejorando. Nunca debes dejar de aprender sobre tu industria, tus clientes y las últimas tendencias en el mercado. Esto te ayudará a mantener tu negocio relevante y a la vanguardia, y también te permitirá identificar nuevas oportunidades de crecimiento.

Otra estrategia importante es mantener una cultura empresarial sólida y un equipo comprometido. Tu equipo es uno de los mayores activos de tu negocio, y es importante asegurarte de que estén motivados, comprometidos y se sientan valorados. Una cultura empresarial sólida, que se base en valores como la transparencia, la honestidad y el respeto, puede ayudarte a retener a tus empleados y atraer a nuevos talentos.

Además, es importante no descuidar la innovación. La innovación puede ser un factor clave para el crecimiento a largo plazo, ya que te permite desarrollar nuevos productos o servicios, entrar en nuevos mercados y diferenciarte de la competencia. Por lo tanto, debes fomentar la creatividad y la experimentación en tu negocio, para mantener la innovación en el centro de tu estrategia a largo plazo.

Otra estrategia clave es mantener una estrecha relación con tus clientes. Tus clientes son la razón por la que tu negocio existe, y es importante mantener una comunicación constante y fluida con ellos. Puedes hacerlo a través de encuestas, llamadas telefónicas, correos electrónicos y redes sociales, para obtener comentarios y opiniones sobre tu negocio. Esto te ayudará a identificar áreas de mejora y a seguir satisfaciendo las necesidades de tus clientes a largo plazo.

Por último, es importante establecer objetivos a largo plazo para tu negocio. Esto puede incluir objetivos financieros, de crecimiento o de impacto social, y deben ser ambiciosos y realistas al mismo tiempo. Establecer objetivos a largo plazo te ayudará a mantener el rumbo y a seguir avanzando en la dirección correcta.

El consejo del Beto.

No dejes de mantener el impulso y seguir creciendo a largo plazo, debes seguir aprendiendo y mejorando, mantener una cultura empresarial sólida, fomentar la innovación, mantener una estrecha relación con tus clientes y establecer objetivos a largo plazo. Al seguir estas estrategias, podrás asegurar el crecimiento y la prosperidad de tu negocio a largo plazo.

www.ingramcontent.com/pod-product-compliance
Lightning Source LLC
Chambersburg PA
CBHW071123220526
45467CB00004B/2034